# BEI GRIN MACHT SICH IHR WISSEN BEZAHLT

AF150774

- Wir veröffentlichen Ihre Hausarbeit,
  Bachelor- und Masterarbeit

- Ihr eigenes eBook und Buch -
  weltweit in allen wichtigen Shops

- Verdienen Sie an jedem Verkauf

Jetzt bei www.GRIN.com hochladen
und kostenlos publizieren

**Bibliografische Information der Deutschen Nationalbibliothek:**

Die Deutsche Bibliothek verzeichnet diese Publikation in der Deutschen National-bibliografie; detaillierte bibliografische Daten sind im Internet über http://dnb.d-nb.de/ abrufbar.

**Impressum:**

Copyright © 2017 GRIN Verlag, Open Publishing GmbH
Druck und Bindung: Books on Demand GmbH, Norderstedt Germany
ISBN: 9783668454750

**Dieses Buch bei GRIN:**

http://www.grin.com/de/e-book/366775/der-konstruktivismus-die-auswirkungen-eines-konstruktivistisch-orientierten

Jan Döring

# Der Konstruktivismus. Die Auswirkungen eines konstruktivistisch orientierten Paradigmas

GRIN Verlag

**GRIN - Your knowledge has value**

Der GRIN Verlag publiziert seit 1998 wissenschaftliche Arbeiten von Studenten, Hochschullehrern und anderen Akademikern als eBook und gedrucktes Buch. Die Verlagswebsite www.grin.com ist die ideale Plattform zur Veröffentlichung von Hausarbeiten, Abschlussarbeiten, wissenschaftlichen Aufsätzen, Dissertationen und Fachbüchern.

**Besuchen Sie uns im Internet:**

http://www.grin.com/

http://www.facebook.com/grincom

http://www.twitter.com/grin_com

# Transferarbeit

## Der Konstruktivismus – Die Auswirkungen eines konstruktivistisch-orientierten Paradigmas

Modul: Leadership & Competences I

Verfasser:

Jan Döring

# Inhaltsverzeichnis

# Abbildungsverzeichnis

# Abkürzungen

Bspw.          Beispielsweise

z.B.           zum Beispiel

# 1    Einleitung und Zusammenfassung

Die vorliegende Ausarbeitung behandelt das Thema des Konstruktivismus. Dieser postuliert grundsätzlich, dass Wissen das Ergebnis eines Erfindens der Wirklichkeit ist, wobei die Individuen zu Künstlern der eigenen Wirklichkeitskonstruktion werden. Die Konstruktivisten als Befürworter dieser Theorie bezweifeln somit die Existenz einer objektiven Wahrheit und sind gleichzeitig von einer Kreativität der Individuen überzeugt, eine eigene Welt zu erschaffen.[1]

Im Zuge dieser Arbeit erfolgt zunächst eine Zusammenfassung des Sachtextes „Konstruktivismus – Eine Anregung für die Pädagogik?" von Rolf Werning aus dem Jahr 1998, welcher die zentralen Annahmen des Konstruktivismus und die damit verbundenen Perturbationen für pädagogisches Denken und Handeln exemplarisch aufzeigt.

Werning beginnt mit der Prämisse, dass aus konstruktivistischer Sicht nicht der Autor, sondern der Leser bestimmt, wie er mit den vermittelten Anregungen umgeht. Dies beruht auf der Annahme, dass die beim Lesen entwickelten Gedanken von der Individualität, dem biographischen Werdegang als auch von der situativen Einbettung des Lesers abhängig sind. Dabei wird die Möglichkeit hinterfragt, Informationen bzw. Bilder der umgebenden Außenwelt, exakt in die Gedankenwelt eines Individuums zu transferieren. Diese Kernaussage von Werning zeigt infolgedessen auf, dass, basierend auf einer konstruktivistischen Perspektive, gültige Kriterien für bestehende pädagogische Prozesse – wie z.B. die schulische Theoriebildung – gesetzt werden können. Diese Perspektive bezieht sich zum einen auf die Beziehung zwischen einem Organismus und der ihn umgebenden Umwelt als auch auf das Verständnis von einem lernenden Organismus.

Ersteres ist aus konstruktivistischer Sicht zunächst zu unterteilen in die Umwelt, welche unabhängig vom Organismus und jeglicher Wahrnehmung existiert – sogenanntes „umgebendes Milieu", das für ein Subjekt unmöglich direkt abzubilden oder zu erkennen ist. Vielmehr bestimmt jedes Individuum wie es sich mit dessen Anregungen auseinandersetzen kann, wodurch eine funktionale Beziehung entsteht.

Der zweite Teil stellt die Umwelt dar, die ein Organismus durch kognitive und emotionale Prozesse als Erfahrungs- bzw. Lebenswelt im sozialen Kontext konstruiert und gleichzeitig als einzige ihm zugängliche Wirklichkeit existiert. Diese basiert dabei auf den Möglichkeiten und Grenzen der jeweiligen subjektiven Erfahrungsfähigkeit. Auf der

---

[1] Vgl. Jensen (2013), S. 88.

biologischen Ebene werden die diversen funktionalen Beziehungen zwischen Organismen und dem umgebenden Milieu durch die unterschiedlichen Lebensformen wie bspw. der Tiere oder des Menschen repräsentiert. Dies führt zu der Annahme, dass alles, was existiert, eine mögliche Beziehung zwischen der eigenen Struktur sowie der eigenen Konstruktion von Wirklichkeit und dem umgebenden Milieu entwickelt.

Die herausgestellten Aspekte sind aus Sicht des Autors ebenfalls gültig im Kontext sozialer bzw. gesellschaftlicher Entwicklungsprozesse. Als weitere Kernaussage führt dieser an, dass jede Konstruktion von Wirklichkeit ein Produkt des Subjektes bleibt, das sie erzeugt. Demzufolge wird von Konstruktivisten der Begriff des „Beobachters" verwendet. Dahingehend ist jede Äußerung eine Beobachterbeschreibung, denn alles, was gesagt oder gedacht wird, vom psychischen System des Beobachters abhängig ist. Die Wirklichkeit und die Beobachter werden somit sich gegenseitig bedingende Faktoren, wodurch eine reine Objektivität nicht existieren kann. Werning führt mit Schmidt (1986) und Keeney (1987) zwei weitere Autoren auf, welche die These bestätigen, dass eine Beobachtung mehr über den Beobachter aussagt als über den oder das Beobachtete/n. Infolgedessen muss jede Person für die eigenen Konstruktionen die Verantwortung übernehmen und die Entscheidung der Präferenz für Konstruktionen begründen. Zu entscheiden gilt es dabei welches Konstrukt passender als auch nutzvoller ist und mit den ausgewählten ethisch-moralischen Grundentscheidungen zu vereinbaren ist.[2]

Des Weiteren stellt Werning die Prämisse voran, dass jedes Individuum strukturdeterminiert, selbstreferentiell und nicht-trivial sei. Die Strukturdeterminiertheit wird dabei definiert durch die Auffassung, dass stets die innere Struktur einer Person bestimmt, wie sich diese mit Anregungen aus dem umgebenden Milieu auseinandersetzt. Demzufolge kann keine Form der bspw. therapeutischen, pädagogischen oder wirtschaftlichen Beeinflussung eine direkte und instruktive Interaktionsbeziehung erwirken.

Die Selbstreferentialität bedeutet dabei, dass jede Handlung auf die eigene Struktur der Person zurückwirkt und diese bestätigen oder gar verändern kann. Dabei kann eine aktive Beziehungsgestaltung zwischen Subjekt und der Umwelt stattfinden, indem aufgrund der Funktionalität der Beziehungsstruktur kontinuierlich Wirklichkeitskonstruktionen als Routinen angewendet, überprüft, teilweise neu entwickelt, bestätigt oder verworfen werden.

Die Nicht-Trivialität von Organismen äußert sich in der Geschichtlichkeit und der strukturellen Dynamik. Werning verwendet dazu das Beispiel eines Schülers, welcher durch

---

[2] Vgl. Werning (1998), S. 2.

eine externe Intervention – z.B. ein Lob der Lehrerin – konfrontiert wird. Die jeweilige
Beeinflussung hängt anschließend von der situativen Strukturdeterminierung des Betroffenen ab. Demnach kann das Lob positiv verwertet und in einer höheren Anstren-
gungsbereitschaft resultieren oder als Sarkasmus interpretiert werden und den Wider-
stand gegenüber schulischen Arbeitsanforderungen steigern. Die interne
Wahrnehmung der Situation ist dabei das Ergebnis der Biographie als auch der mo-
mentanen Gestimmtheit des Schülers. Diese interne Struktur kann durch jede Erfah-
rung und jede Handlung verändert werden, wodurch eine andere Handlungsoption in
der nächsten Situation gewählt werden kann.

Anhand der Entwicklung der Pädagogik kann aufgezeigt werden, dass es diverse Her-
angehensweisen hinsichtlich der Fähigkeit des Menschen gegeben hat, kreativ und
unvorhersehbar zu handeln. Versucht wurde hierbei entweder diese Fähigkeit durch
„Zucht und Ordnung" einzudämmen und die Schüler/innen dadurch in ihrem Handeln
zu trivialisieren oder man fördert und unterstützt die vorhandene Individualität.

Das pädagogische Handeln muss allerdings aus konstruktivistischer Perspektive be-
achten, dass das Lehren gleichzusetzen ist mit dem Anregen vom Selbstlernen eines
autonomen Subjektes. Ziel ist dabei die Anregung eines Subjektes, die eigenen Konstruktionen von Wirklichkeit zu hinterfragen, zu überprüfen, weiterzuentwickeln, zu bestätigen oder zu verwerfen.

Darauf aufbauend legt Werning dar, dass, wenn kein objektiver Zugang zur Wirklichkeit
besteht, zahlreiche schulische Normierungsprozesse, die auf eine Homogenisierung
des Lernens abgerichtet sind, hinterfragt werden müssen. Dazu muss die vorhandene
Heterogenität hinsichtlich kultureller Unterschiede, Leistung, Geschlechts und Alters
innerhalb der Lerngruppen als Bereicherung wahrgenommen werden. Um dies zu verstärken, sollte eine Vielfalt von Lernwegen ermöglicht werden – bspw. in Form eines
offenen bzw. projektorientierten Unterrichts oder forschenden Lernens. Dabei können
die unterschiedlichen Erfahrungs- und Lebenswelten der Schüler/innen aufgegriffen,
zugelassen und ihnen Raum gewährleistet werden. Durch angewendete Instrumente
wie freie Texte bzw. freien Ausdruck wird die Möglichkeit dargelegt, die eigenen Erfah-
rungen, Ängste, Träume sowie Wünsche und Hoffnungen in der Schule zu be- und
verarbeiten. Ebenfalls dazu gehört die gemeinsame Planung und Gestaltung von Lern-
räumen und Lernanlässen, wobei Entscheidungen für die Konstruktion des Unterrichts
seitens der Schüler/innen mitgetroffen und mitverantwortet werden müssen.

Das Resultat ist damit eine Organisation, die sich selbst kritisch in Frage stellt und Ex-
perimente herausfordert. Gleichzeitig werden Konstruktionen von Wirklichkeit, die einen objektiv wahren und zeitlosen Charakter besaßen, auf Gültigkeit überprüft.

Nach Werning stellen die in seinem Text „Konstruktivismus – Eine Anregung für die Pädagogik?" herausgestellten Aspekte keineswegs eine völlig neue Re-Konstruktion der Schule dar. Aus der Sicht des Autors kann das konstruktivistische Denken allerdings dennoch viele der aufgezeigten pädagogischen Konzepte miteinander verbinden und interessante und innovative Orientierungen der Weiterentwicklung darlegen.[3]

Aus dem betrachteten Sachtext von Rolf Werning gehen aus konstruktivistischer Perspektive folglich vier Kernaussagen hervor:

> ➤ Jede einzelne Konstruktion von Wirklichkeit ist und bleibt ein Produkt des Subjektes, das sie erzeugt.

> ➤ Es ist unmöglich, Informationen oder Bilder der umgebenden Außenwelt exakt in die Gedankenwelt eines Individuums zu transferieren.

> ➤ Individuen sind durch grundlegende Merkmale gekennzeichnet: Strukturdeterminiertheit, Selbstreferenzialität, und Nicht-Trivialität.

> ➤ Vielfalt sollte in jeglicher Hinsicht als Chance und Bereicherung wahrgenommen, zugelassen, entwickelt und unterstützt werden. Die daraus resultierenden Entscheidungen müssen verantwortet werden.

## 2 Auswirkungen eines konstruktivistisch-orientierten Paradigmas auf Mitarbeiter/innen und die Rolle der Führungskraft

Die Führungswelten und die damit einhergehenden Vorstellungen über Führung in einem konstruktivistisch-orientierten Paradigma – wie sie stattfinden bzw. funktionieren oder gar was sie allgemein darstellen soll – sind komplex, da sie im gemeinsamen Handeln der betroffenen Individuen entstehen. Darauf aufbauend fließt eine Vielfalt an diversen individueller Sichtweisen in das Kollektiv ein, woraus eine Kultur resultiert. Diese dient zur gemeinsamen sowie individuellen Bewältigung der Wirklichkeit und ist gleichzeitig einer kontinuierlichen Anpassung unterworfen. Für den Zustand dieser im Kollektiv konstruierten Welt trägt jeder Beteiligte – bspw. Mitarbeiter oder Führungskraft – die Verantwortung.

---

[3] Vgl. Werning (1998), S. 4.

Andererseits können auch neue Handlungsspielräume erschaffen werden. Wird sich jedes Individuum in diesem Konstrukt über die eigene Ursächlichkeit und Verantwortung bewusst und nimmt diese radikal ernst, kann die Möglichkeit erkannt werden andere Wirklichkeiten zu konstruieren und entbehrt sich dem Zwang in der jetzigen leben zu müssen. Anhand dieses Aspektes geht hervor, dass diese Interpretation von Führung eine Wahl darstellt. Diese wird allerdings vom Vorverständnis geprägt, welche die Wahrnehmung von Führung leitet. Demnach müssen die individuellen Selbstverständnisse der Beteiligten, die auf ex- und impliziten Grundannahmen fundieren, erforscht und deren Auswirkungen auf die kollektive Führungskultur bewusstgemacht werden.

Eine mögliche Veränderung dieser Führungsrealität setzt infolgedessen die Einbindung jedes Individuums voraus, die diese fortlaufend mitkonstruieren. Dabei stellt jeder Führende und Geführte dar – z.B. in Form von Kollegen, Untergebenen oder Vorgesetzten. Indem bspw. der Vorgesetzte unterstützt oder abgelehnt, für den Untergebenen entschieden oder seine eigene Entscheidung geduldet oder der Kollege als Rivale bzw. Mitstreiter gesehen wird, konstruiert jeder Beteiligte an der gemeinsamen Führungswelt mit.

Es ist demzufolge nicht das Ziel, den Individuen die „ausnahmslos richtigen" Eigenschaften oder Verhaltensweisen aufzudrängen, die in jedem Fall und in jeder Unternehmenskultur zwangsläufig zum Erfolg führen müssen. Vielmehr gilt es zu verstehen, dass die individuellen Führungsselbstverständnisse als auch die kollektive Führungskultur interaktiv entstehen und sich in dem gleichen Maße verändern. Diese Wechselwirkung innerhalb des Systems und gegenüber äußeren Umwelteinflüssen als auch das reflexive und kollektive Betreiben der Führungskultur geben letztendlich Aufschluss darüber, ob bzw. inwiefern die gemeinsamen Selbstverständnisse problemlösend sind.[4]

Folglich ist das Schaffen und Erlangen einer Konstruktivismus-Kompetenz die Basis einer erfolgreichen Zusammenarbeit. Dies bedeutet, dass sich die Mitarbeiter/innen als auch die Führungskraft zu jedem Zeitpunkt darüber im Klaren sein müssen, dass jedes Individuum eine von der eigenen oftmals abweichende Perspektive auf die Welt und die jeweilige Situation besitzen. Diese verschiedenen Sichtweisen sollten keinesfalls als Ärgernis, sondern als Chance und Bereicherung für das Team empfunden werden. Weiterhin gilt es die eigene Perspektive zu relativieren und einen Mehrwert aus den wechselseitigen Korrekturen und Bereicherungen zu ziehen. Sind sich alle Teammitglieder innerhalb der Gemeinschaft über diese Erkenntnisse bewusst, kann sich ein

---

[4] Vgl. Burla et al. (1995), S. 25 ff.

gemeinsamer großer Wirklichkeits- und Denkraum formen, in dessen sich Ideen über die Grenzen des Individuums hinweg frei und spielerisch entfalten können. Um dies zu gewährleisten, dürfen keinerlei Behinderungen oder Verzerrungen durch die jeweilige Eigenlogik entstehen.

Aus den beiden herausgestellten Punkten der Ego-Souverenität als auch der Konstruktivismus-Kompetenz resultiert der Aspekt, dass es keine absolute und objektive Gerechtigkeit hinsichtlich der Arbeitsverteilung und des äußeren Lohns gibt. Demnach kann der Erfolg des Teams nur sichergestellt werden, wenn jedes Mitglied bereit ist mehr zu geben als die anderen. Dazu sollte nach den folgenden Prinzipien gehandelt werden:

> Zuerst verstehen – dann verstanden werden

> Zuerst geben – dann bekommen[5]

# 3 Darstellung der Möglichkeiten als Führungskraft das Mitarbeiterteam zu stärken

Um als Führungskraft das eigene Mitarbeiterteam positiv zu verstärken, müssen vorerst die Grundlagen der gruppendynamischen Prozesse beachtet werden, die für die unterschiedlichen Phasen der Entwicklung einer Gruppe stehen.

Die Rollenverteilung stellt zunächst ein zentrales Element dar, wobei die Rollen einzelner Gruppenmitglieder stets exakt voneinander abgegrenzt sind. Charakteristische Rollen, welche immer besetzt sind bzw. besetzt sein müssen, sind z.B. der Leiter, der Experte, der Zuarbeiter oder der Unterhalter. Jedes dieser Mitglieder erfüllt eine bestimmte Funktion innerhalb des Gruppenprozesses, wodurch eine Balance generiert werden kann.

Allerdings kann die Gruppe während des gesamten Arbeitsprozesses immer wieder an die Grenzen zweier Problemebenen stoßen. Zum einen stehen dabei auf der Sachebene diverse Aufgaben, Probleme und Themen sowie die sachliche Bearbeitung dieser Punkte. Zum anderen ist die Beziehungsebene mit der Beziehungsstruktur der Gruppe und dem im Optimalfall zu erreichenden „Wir-Gefühl" von entscheidender Bedeutung. Um dies zu erreichen, liegt es in der Verantwortung der Führungskraft, eine Atmosphäre zu schaffen, in der ein gegenseitiges Vertrauen aufgebaut werden kann. Dazu müssen die Wünsche, Erwartungen, Ziele und Interessen als auch die Ängste,

---

[5] Vgl. Hansch (2008), S. 219.

Anliegen und Befürchtungen aller Mitglieder der Gruppe erfragt und gemeinsame Vorgehensweisen vereinbart werden.

Eine gemeinsame Vorgehensweise, welche direkt zu Beginn der Arbeit mit der Gruppe gültig gemacht werden sollte, kann die Vereinbarung zur Vertraulichkeit sein. Die Führungskraft und die Gruppenmitglieder verpflichten sich demnach zur gegenseitigen Verschwiegenheit hinsichtlich des Verhaltens der Beteiligten und Aussagen, welche nicht rein sachliche Informationen beinhalten. Folglich sollten Konflikte direkt mit dem Mitarbeiter gelöst und nicht hinterrücks verschärft werden. Um diese Vertrauensbildung positiv seitens der Führungskraft zu unterstützen, ist das Aufstellen von „Spielregeln" für eine erfolgreiche Zusammenarbeit denkbar. Wichtig ist dabei, dass diese Verhaltensregeln von den Gruppenmitgliedern selbst entworfen werden. Dadurch können die Wünsche und Perspektiven jedes Individuums berücksichtigt werden. Darauf aufbauend ist die visuelle Darstellung der definierten Regeln – bspw. auf einem Flipchart für alle Beteiligten sichtbar – elementar. So können manche Konflikte lediglich durch das Verweisen auf diese entschärft werden.

Mögliche Verhaltensregeln können hierbei folgende sein:

> - Jeden zu Wort kommen lassen
> - Meinungen anderer akzeptieren
> - Jeden als gleichwertigen Partner ansehen
> - Moderation als Hilfe annehmen
> - Zu den Gruppenergebnissen stehen[6]

Diese Verhaltensregeln gelten gleichzeitig als Basis der Eigenschaften und Fähigkeiten, die die Beteiligten besitzen sollten, um ein erfolgreiches Teambuilding zu gewährleisten.

## 3.1    Outdoor-Training als spezielle Teambuilding-Maßnahme

Das Outdoor-Training wird hierbei als Aktivität in der jeweiligen Gruppe definiert, welche in freier Natur und fernab des alltäglichen Arbeitsumfeldes stattfindet. Der Ausbruch aus der monotonen Alltagswelt in Verbindung mit der beruhigenden und vitalisierenden Natur zeigen diverse Möglichkeiten auf, die eigene Kreativität auszuleben und die individuelle Teamfähigkeit unter Beweis zu stellen. Zusätzlich muss sich auf sportlicher Ebene nicht nur als Gruppe, sondern ebenfalls als Individuum in Extremsituationen bewiesen werden. Dieser Art von sportlicher Aktivität kommt somit eine ausgleichende Funktion zu und erhöht gleichzeitig das Vermögen der Selbsteinschätzung und

---

[6] Vgl. Müller (2010), S. 71 ff.

des Selbstbewusstseins. Die Ziele dieses Trainings sind die Verbesserung der zwischenmenschlichen Kommunikation, der Entscheidungsfindung sowie der Problemlösungskompetenz.

Durch die gemeinsam durchgeführten Aktivitäten wird das Vertrauen gestärkt als auch die Zusammenarbeit untereinander verbessert. Der Fokus wird dabei – ebenfalls wie in dem oben erläuterten Beispiel – auf die gruppendynamischen Prozesse und die Stärkung des Wir-Gefühls gerichtet.

Während des Outdoor-Trainings werden unterschiedliche Übungen absolviert. So werden bspw. bei Einzelübungen Aufgaben ganz alleine bearbeitet um aufzuzeigen, dass bestimmte Tätigkeiten ohne das Wissen und die Sicherheit der Gruppe schwerer zu lösen sind. Des Weiteren besteht die Möglichkeit, dass die Teilnehmer die Übungen einzeln nacheinander absolvieren, wobei die Gruppe nur zuschaut oder verbale Unterstützung leistet. Durch diverse Simulationen von Belastungssituationen und Stressübungen wird versucht die Gruppe zu schnellen Entscheidungen und Problemlösungen zu bewegen. Konkret können die Lernziele dieser Übungsformen durch unterschiedliche Aktivitätsarten wie z.B. Bergwandern, Rafting oder Segeln, Seilgärten und Kletterwände erreicht werden, indem ein Ausgleich zwischen Konzentrations- und Entspannungsphasen geschaffen wird.

Grundsätzlich muss dabei beachtet werden, dass nicht jedes Outdoor-Training gleichermaßen für jedes Team geeignet ist. Vielmehr muss dieses anhand der jeweiligen Zielgruppe ausgerichtet und aufgebaut werden. Vor allem sollten nicht die Präferenzen der Führungskraft im Vordergrund stehen, sondern die faktische Entwicklungsstufe der Gruppe sowie die damit einhergehenden gruppendynamischen Prozesse.[7]

# 4    Mögliche Adaptionen von Methoden aus dem Spitzensport

Ähnlich wie in der Berufswelt ist im Spitzensport ein gutes Teambuilding das Fundament für jeden Mannschaftserfolg. Die Führungskraft in Form des Trainers hat dabei die wichtige Verantwortung den Prozess des Kennenlernens und der Vertrauensentwicklung an- und in die entsprechenden Wege zu leiten.

Die in Kapitel 3.1 erläuterten Maßnahmen gelten damit ebenfalls sowohl für den Spitzensport als auch für die Berufswelt. Um das Team-Gefüge zu stärken setzen bspw. diverse Bundesliga-Trainer auf unterschiedliche Outdoor-Aktivitäten wie gemeinsame

---

[7] Vgl. Spielberger (2015), S. 25 ff.

Bootsfahrten oder Golfen.[8] Dennoch können zusätzliche Übungsformen aus dem Spitzensport adaptiert werden.

Der Trainer sollte vorerst während der Teambuilding-Maßnahmen präsent sein, da die Spieler bewusst mit Problemstellungen und Situationen konfrontiert werden, die in extremen Konfliktsituationen resultieren können. Eine angewandte Methode ist dabei die Provokation eines Verhaltens der Gruppe bzw. der Einzelspieler, das zunächst zu deren Scheitern führt. Dadurch wird verdeutlicht, dass die betrachtete Gruppe noch kein ganzheitliches Team darstellt. Das Ziel ist es der Gruppe die Grenzen aufzuzeigen, indem Rückschläge, Benachteiligungen oder gar Demütigungen vermittelt werden.

Ein wichtiges Instrument zur Verbesserung und Evaluation der Teambuilding-Maßnahmen bietet eine abschließende Reflexionsphase, wobei die durchlaufenden Prozesse rückwirkend betrachtet werden. Mögliche Betrachtungspunkte sind hierbei z.B. die Kommunikation, Ansprache bei Fehlern oder der Einsatz für das Team.

Ein solches Vorgehen kann durchaus innerhalb der Berufswelt adaptiert werden, sodass ein stärkeres Vertrauen aufgebaut wird. Dieser Effekt kann zusätzlich durch vertrauensbildende Gruppenübungen positiv verstärkt werden (s. Abbildung 1[9]).

**Abbildung 1: Führen und führen lassen**

Dabei werden innerhalb eines begrenzten Feldes unterschiedliche Hindernisse in Form von bspw. Hürden, Stangen oder Hütchen aufgebaut. Anschließend werden Zweiergruppen gebildet – bestehend aus einem „Führer" und einem „Blinden", welchem die Augen verbunden werden. Das Ziel ist es als Führer, den Blinden ohne Worte bzw. Kommandos durch das Labyrinth zu führen. Als Variationen kann die Übung nur mithil-

---

[8] Vgl. www.sueddeutsche.de/sport/der-fluegelflitzer-tritt-in-den-hintern-als-teambuilding-massnahme-1.1719072 (2013)
[9] Vgl. tinyurl.com/dfb-teambuilding-massnahmen (2011)

fe der Kommunikation und ohne Berühren der „Blinden" durchgeführt werden oder indem ein Führer zwei Blinde dirigiert.[10]

Die Möglichkeiten des unspezifischen Teambuildings sowie der Vertrauens- und Ko-
operationsspiele sind scheinbar unbegrenzt. Aufgrund des vorgegebenen Rahmens
dieser Ausarbeitung werden diese allerdings nicht weiter ausdifferenziert.

# 5    Fazit

Die gruppendynamischen Prozesse sind sowohl in der Berufs- als auch in der Sport-
welt von enormer Bedeutung. Herrscht Klarheit über diese Prozesse, bilden sie die
Basis für eine harmonische Atmosphäre als auch einer positiv geprägten Vertrauens-
struktur innerhalb der Gruppe oder des Teams.

Im Sinne der oben erläuterten Teamentwicklungstrainings sollte beachtet werden, dass
für die Unternehmen, Abteilungen oder Vereine das Kosten-Nutzen-Verhältnis im Fokus steht. Feststeht allerdings, dass die Effekte dieser Maßnahmen schwer bzw. nicht
direkt messbar sind, da diese sich primär auf das daraus resultierende Verhalten der
Beteiligten beziehen. Damit entsteht eine zeitliche Verzögerung der Auswirkung auf
das Arbeitsergebnis. Messbare Größen können hierbei z.B. geringere Anzahlen an
Fehltagen sein. Dennoch spiegeln sich die Ergebnisse zum Großteil in der subjektiven
Wahrnehmung, wie bspw. der Zufriedenheit der Mitarbeiter, wieder.

Demzufolge sollte grundlegend geklärt werden, ob von der jeweiligen Organisation
überhaupt förderliche Rahmenbedingungen für diese Art von Teamentwicklungsmaß-
nahmen gegeben sind. Maßgebliche Faktoren sind dabei genügende finanzielle Mittel
und Zeit, die allgemeine Bereitschaft der Beteiligten und der Teamleitung, die Maßnahmen aktiv zu unterstützen und fortzuführen bei der Rückkehr zum Arbeitsalltag.[11]

Die konstruktivistisch-orientierte Perspektive kann in diesen beiden Welten hilfreich
sein. Durch die in dieser Theorie vermittelten Prämissen können die Bedürfnisse,
Wünsche als auch Ängste besser wahrgenommen und verstanden werden, wodurch
ein verbessertes Arbeitsklima entstehen kann. Führen sich die Beteiligten in Form von
Mitarbeitern, Führungskräften oder Mitspielern in den Organisationen immer wieder vor
Augen, dass jedes Individuum dessen eigene Wirklichkeit kreiert, die von Selbstver-
ständnissen und individuellen Biographien geprägt ist, kann die Zusammenarbeit er-
leichtert werden.

---

[10] Vgl. tinyurl.com/dfb-teambuilding-massnahmen (2011)
[11] Vgl. Spielberger (2015), S. 27.

# Quellenverzeichnis

Burla, Stephan/Alioth, Andreas/Frei, Felix/Müller, Werner R. (1995): Die Erfindung von Führung – vom Mythos der Machbarkeit in der Führungsausbildung, vdf Hochschulverlag AG.

Hansch, Dietmar (2008): Persönlichkeit führt – Sich selbst und Mitarbeiter wirkungsvoll coachen – Grundlagen der Psychosynergetik, GABAL Verlag GmbH.

Jensen, Stefan (2013): Erkenntnis – Konstruktivismus – Systemtheorie: Einführung in die Philosophie der konstruktivistischen Wissenschaft, Springer-Verlag.

Müller, Ulrike (2010): So führen Sie ein Team zum Erfolg – Ein Leitfaden für Prozessbegleiter, Moderatoren und Gruppenleiter, GABAL Verlag GmbH.

Werning, Rolf (1998): Konstruktivismus – Eine Anregung für die Pädagogik, Pädagogik, Heft 7-8.

www.sueddeutsche.de/sport/der-fluegelflitzer-tritt-in-den-hintern-als-teambuilding-massnahme-1.1719072 (Abgerufen am 18.03.2017)

tinyurl.com/dfb-teambuilding-massnahmen (Abgerufen am 20.03.2017)